AF313677

25 Février 1884.

SUCCESSION
De feu M. le comte F. de LAGRANGE

PRIX DE COURSES

MOBILIER
ARGENTERIE. LIVRES. ETC.

VENTE APRÈS DÉCÈS

HOTEL DROUOT, SALLE N° 1

Les Lundi 25, Mardi 26 et Mercredi 27 Février 1884, à 2 heures

ET SALLE N° 9

Les Jeudi 28 et Vendredi 29 Février 1884, à 2 heures

EXPOSITION PUBLIQUE

Le Dimanche 24 Février 1884, de 1 heure 1/2 à 5 heures.

COMMISSAIRES-PRISEURS :

M° GAUTHIER	M° ESCRIBE
rue d'Antin, 24	rue de Hanovre, 6

PARIS — 1884

Vᵉ RENOU, MAULDE et COCK

IMPRIMEURS DE LA COMPAGNIE DES COMMISSAIRES-PRISEURS

Rue de Rivoli, 144.

CATALOGUE

DE

16 PRIX DE COURSES

GAGNÉS PAR LES CHEVAUX

Gladiateur, Monarque, Fille-de-l'Air, Trocadéro, Mortemer
Nelusko, Montgoubert, Stradella, etc.

ET DU

MOBILIER ANCIEN ET MODERNE

BRONZES D'AMEUBLEMENT

PORCELAINES MONTÉES

Objets d'art, de curiosité et de fantaisie
200 Bois de cerfs

TABLEAUX ANCIENS ET MODERNES, DESSINS, GRAVURES

PORTRAITS DE CHEVAUX DE COURSES

45 kilogrammes d'Argenterie de table

PLAQUÉ ET ARGENTURE, BIJOUX EN OR

LIVRES

Rideaux, Tapis, Literie, Linge, Porcelaines, Cristaux, Batterie de cuisine

DÉPENDANT

De la Succession de feu M. le comte F. de LAGRANGE

ET PROVENANT

De son Appartement de Paris et du Château de Dangu

DONT LA VENTE AUX ENCHÈRES PUBLIQUES AURA LIEU

PAR SUITE DE DÉCÈS

HOTEL DROUOT, SALLE N° 1

Les Lundi 25, Mardi 26 et Mercredi 27 Février 1884, à 2 heures

ET SALLE N° 9

Les Jeudi 28 et Vendredi 29 Février 1884, à 2 heures

COMMISSAIRES-PRISEURS :

Mᶜ GAUTHIER | Mᵉ ESCRIBE

rue d'Antin, 21 | rue de Hanovre, 6

Assistés, pour les Livres, de **M. Jules MARTIN**, Libraire,
rue Séguier, 18,

CHEZ LESQUELS SE DISTRIBUE CE CATALOGUE.

EXPOSITION PUBLIQUE

Le Dimanche 24 Février 1884, de 1 heure 1/2 à 5 heures.

PARIS — 1884

CONDITIONS DE LA VENTE

—

Elle sera faite au comptant.

Les Acquéreurs paieront CINQ POUR CENT, en sus des adjudications, applicables aux frais.

Il ne sera admis aucune réclamation, une fois l'adjudication prononcée.

DÉSIGNATION

PRIX DE COURSES

1 — Beau Vase en argent repoussé et ciselé. Travail anglais.

> Cet objet d'art a été gagné par *Monarque*, au prix de Good-Wood, en 1857.

2 — Beau Vase en argent repoussé et ciselé. De chaque côté de ce vase, sont deux figures de guerriers à cheval également en argent repoussé et ciselé. Travail anglais.

> Cet objet d'art a été gagné aux Courses d'Ascot, en 1866.

3 — Vase en argent repoussé et ciselé, décoré de deux cartels : Combats d'amazones. Travail français.

> Cet objet d'art a été gagné par *Mortemer*, à Deauville, en 1869.

4 — Statuette de la Victoire, par J.-L. Maillet, sur socle; le tout en argent repoussé et ciselé. Travail de la maison Christofle.

> A été gagnée par *Gladiateur*, en 1866.

5 — Groupe de Neptune retenant un coursier en argent ciselé, posé sur un globe de marbre vert de mer, avec le cercle du zodiaque en argent; socle en argent repoussé et ciselé.

> A été gagné par *Montgoubert*.

6 — Groupe d'une femme sur un cheval ailé, par J.-L. Maillet, en argent repoussé et ciselé, sur socle en marbre rouge garni en argent doré et ciselé.

A été gagné par *Trocadéro*, à Deauville, en 1868.

7 — Vase forme cippe, décoré, au pourtour, du combat des Centaures et des Lapithes; couvercle surmonté d'un groupe de Centaure enlevant une femme; le tout en argent repoussé et ciselé.

A été gagné par *Trocadéro*, en 1869, à Paris.

8 — Vase à couvercle en argent repoussé et ciselé. Travail allemand.

A été gagné par *Stradella*, aux Courses de Bade, en 1862.

9 — Bouclier en argent repoussé et ciselé, représentant une Chasse à courre. Travail français.

Gagné par *Gladiateur* en 1865.

10 — Bouclier de Stockbrigde en argent repoussé et ciselé, à sujets historiques. Travail anglais.

11 — Statuette de Renommée, sur socle; le tout en argent repoussé et ciselé, sortant des ateliers d'Odiot.

Gagnée par *Nelusko*, à Paris, en 1868.

12 — Lion marchant, de *Barye*, en argent ciselé.

Gagné par *Fille-de-l'Air*, à Paris, en 1865.

13 — Coupe supportée par un groupe d'enfants en argent repoussé et ciselé. Travail de Faunière.

Gagnée par *Trocadéro*, à Fontainebleau, en 1868.

14 — Groupe d'enfants et chèvre, avec plateau formant
jardinière, à quatre compartiments; le tout en
argent ciselé, sortant des ateliers de Faunière.
Les séparations de la jardinière sont en cuivre

Cet objet d'art a été gagné le 1ᵉʳ mai 1870, par le cheval
Mortemer.

15 — Service à thé et à café en métal argenté et ciselé,
décoré de frises d'enfants, composé de : un
grand Plateau à anses, une Théière à bascule
sur son réchaud, une petite Théière, une Cafetière, un Sucrier et un Pot à crème. Sortant
des ateliers de la maison Christofle.

Ce prix a été gagné par le cheval *Trocadéro*, aux courses
de Bade, en 1868.

16 — Vase en spath-fluor, monture en bronze ciselé et
doré, style Louis XVI.

ARGENTERIE DE TABLE

17-19 — Quatre Plats ovales, de diverses dimensions.

20-23 — Quatre Plats ronds d'entrée.

24-27 — Quatre Plats ronds d'entremets.

28-31 — Quatre Légumiers ronds, avec couvercles.

32 — Une Saucière avec pied carré.

33 — Une Écuelle avec plateau et couvercle.

34 — Une Ménagère à six usages.

35-37 — Trois Cafetières, de diverses dimensions.

38 — Un Pot à crème.

39 — Une petite Chocolatière.

40 — Un Fond de soupière.

41 — Un Service à thé en argent ciselé, composé de : une Cafetière, deux Théières, un Sucrier et un Pot à lait.

42 — Un Moutardier en argent anglais.

43 — Une Cuillère à potage.

44 — Quatre Cuillères à ragoût.

45 — Vingt-quatre Cuillères de table.

46 — Quarante-deux Fourchettes de table

47 — Vingt-six Cuillères à café.

48 — Douze Couverts d'entremets.

49 — Deux Pinces à sucre.

50 — Une Truelle à poisson.

51 — Une Cuillère à punch.

52 — Un Service à hors-d'œuvre.

53 — Douze Porte-Menu.

54 — Une Truelle à glace.

55 — Un Couvert à salade.

56 — Cinquante-cinq Couteaux de table, manches en
    argent.

57 — Quatorze Couteaux à dessert, manches en bois
    noir, lames en argent.

58 — Deux Passe-Thé.

59 — Un Coffre contenant : quarante-huit Cuillères et
    trente-six Fourchettes d'entremets, six Cuillères
    à compote, une Pince à sucre, deux Cuillères à
    sucre, trente-six Cuillères à café, le tout en
    vermeil ; trente-six Couteaux à lames et manches
    en vermeil et trente-cinq Couteaux à lames en
    acier et manches en vermeil.

60 — Une Boîte en acajou contenant : six Cuillères à
    café, une Cuillère à sucre, une Pince à sucre,
    deux Cuillères à compote, une Pelle à glace en
    vermeil.

61 — Un Écrin contenant : un Gobelet, un Coquetier,
    une Cuillère à œufs, une Cuillère à café, un
    Couvert d'enfant en vermeil et un Couteau avec
    manche en vermeil.

62 — Sept Cuillères à café en argent.

63 — Une Fourchette d'entremets en vermeil.

64 — Une Cuillère à eau sucrée.

65 — Une Canette en cristal, avec monture et couvercle
    en argent ciselé.

66 — Service de toilette garni en argent doré, avec
armoiries.

67 — Service de voyage en vermeil et nacre, composé
de : une Timbale, un Couvert, deux Couteaux,
une Cuillère à café et un Flacon.

68 — Timbale en argent.

69 — Service de voyage en vermeil, composé de : une
Timbale, un Couvert, un Couteau, une Cuillère
à café, un Flacon-Poivrière et un Tire-Bouchon.

70-71 — Deux Nécessaires de toilette garnis en argent,
dont un avec écrin.

71 *bis* — Calice et Saint-Ciboire en vermeil.

PLAQUÉ ET ARGENTURE

72-74 — Trois grands Plateaux de service en métal
argenté guilloché.

75-94 — Plateaux ronds, ovales et rectangulaires, Seaux
à frapper, Verrières, Porte-Huilier, Porte-
Carafon, Dessous de carafe, Cafetières, Théières,
Bouilloire avec réchaud, Saucières, Bouts-de-
Table, Salières, Réchauds ronds et ovales avec
cloches, Plats, etc.; le tout en plaqué et argenture.

95-99 — Couverts de table : Cuillères à café, à potage
et à ragoût, Couteaux, Pinces à fruits et autres,
Truelle à poisson, Fourchettes à melon, Ronds
de serviettes, etc.

BIJOUX

100 — Montre ancienne en or, avec entourage en demi-perles.

101 — Montre de dame en or.

102 — Chaîne tour de cou en or.

103 — Bracelet en or émaillé, orné de roses.

104 — Bague en or, enrichie d'une perle et de brillants.

105 — Bague en or émaillé, avec couronne en roses.

106 — Anneau en or, enrichi de turquoises.

107 — Bracelet en or et mosaïque.

108 — Bracelet en or, avec monture enrichie de pier-reries.

109 — Chaîne avec clef et deux Cachets en or.

110 — Petite Cassolette en or ciselé, style Louis XVI.

111 — Épingle de cravate fer à cheval, en or et roses.

112 — Montre ancienne en or.

113 — Autre Montre en or.

114 — Quinze Médailles en argent, frappées en souvenir de l'Expédition de la Grande-Armée.

115 — Vingt et une Médailles en argent, du 1ᵉʳ Empire, de différents modèles.

116 — Ancienne Monnaie espagnole en or.

117 — Tabatière en or ciselé.

118-119 — Deux Médailles en or, au type de Napoléon Ier.

120 — Petit Camée en or.

121 — Paire de Boutons de manchettes doubles, composés chacun de deux perles, monture en or.

122 — Paire de Boutons de manchettes doubles, en or et turquoises.

123 — Paire de Boutons de manchettes simples, en or, ornés de deux fers à cheval.

124 — Paire de Boutons de manchettes doubles, en or et grenats.

125 — Paire de Boutons de manchettes doubles, en or, avec lettres C. F.

126 — Paire de Boutons de manchettes doubles, en or et lapis.

127 — Trois Épingles en or, avec gravure sur verre : Cheval de course.

128 — Deux Épingles en or, fers à cheval.

129 — Deux Épingles avec chaînette, en or et saphirs.

130 — Une Épingle ornée d'une perle grise.

131 — Deux Épingles en or, enrichies de perle, coque de perle et roses.

132 — Deux Épingles en or, enrichies de perle et coque de perle.

133 — Quatre Épingles diverses en or.

134 — Une Épingle enrichie d'une perle et quatre rubis.

135 — Porte-Mine en or et platine.

136 — Trois Médailles en or (Prix de concours).

137 — Soixante-quatre Jetons et Médailles en argent.

138 — Tabatière en argent repoussé et ciselé, époque Louis XV.

139 — Groupe de cinq Médaillons en or et argent.

140 — Bonbonnière en aventurine, monture en or ciselé, époque Louis XVI.

141 — Porte-Mine en or.

142 — Quatre Pièces : Briquets et Boîtes à allumettes en argent.

143 — Chaîne de gilet avec barrette en or, et Breloque fer à cheval en or émaillé et roses.

144 — Montre en or, cuvette et boîte de chasse en or, mouvement à ancre et remontoir de Caudron.

145 — Divers Bijoux en or et argent.

TABLEAUX, DESSINS, GRAVURES

—

1º TABLEAUX DE COURSES

146 — **A. K. K**. Rayon d'or.

147-148 — **Alken**. Courses de chevaux. Deux tableaux.

149 — **Armill**. Rayon d'or.

150-156 — **Audy**. Sept Aquarelles : Portraits de *Monarque*, *Ventre-Saint-Gris*, *Zouave*, *Mademoiselle-de-Chantilly*, *Étoile-du-Nord*, *Black-Prince* et *Union-Jack*.

157 — **Audy**. Course gagnée par *Gabrielle-d'Estrée*, à Chantilly, en 1861 (Aquarelle).

158 — **Audy**. Course gagnée par *Black-Prince*, Derby de Chantilly, en 1859 (Aquarelle).

159 — **Delamarre** (H.). Jockey et Chevaux (Dessin à la mine de plomb).

160-178 — **Hall** (Harry). Dix-neuf Tableaux : Portraits de *Gladiateur*, *Fille-de-l'Air*, *Palestro*, *Ventre-Saint-Gris*, *Étoile-du-Nord*, *Gabrielle-d'Estrée*, *Black-Prince*, *Mademoiselle-de-Chantilly*, *Stradella* et *Marquis*, *Marignan*, etc.

179-180 — **Isabelle**. Deux petites Peintures : Chevaux.

181 — **Pichat**. *Gladiateur* (Aquarelle).

182 — **Inconnu.** *Étoile-du-Nord.*

183-194 — Douze Gravures anglaises en couleur : Portraits de chevaux de pur sang.

2° TABLEAUX DIVERS

195 — **Corneille de Bie.** Vue d'une ville de Hollande, animée de nombreuses figures (Effet de neige). Tableau important, signé et daté 1648.

196-197 — **Dietrich.** Têtes de rabbins. Deux tableaux.

198 — **Franck** (Attribué à). Le Calvaire.

199 — **Lefèvre** (Robert). Portrait en buste de Napoléon Ier.

200-203 — **Pierron.** Paysages et Vues de ville (Quatre aquarelles).

204-205 — **Ricois.** Deux Paysages.

206 — **École espagnole.** La Vierge, l'Enfant Jésus et saint Jean.

207 — **Ecole française.** Portrait d'homme cuirassé, époque Louis XV.

208 — **École française.** Autre Portrait d'homme, même époque.

209 — **École française.** Portrait d'homme, époque Louis XIII.

210-211 — **École moderne.** Deux Paysages (Vues d'Italie).

212 — **École moderne.** Paysage. Vue de Suisse (Aquarelle).

213-216 — **École moderne.** Quatre grands Tableaux : Sujets de chasse.

217-218 — **École moderne.** Deux Marines.

219 — **Inconnu.** Buste du Christ, peinture sur bois; cadre en bois noir enrichi d'un entourage en argent repoussé, à figures et ornements. Travail de la Renaissance.

220 — **Inconnu.** L'Assomption de la Vierge.

221-226 — **Inconnu.** Six grands Portraits de personnages ottomans.

227 — **Inconnu.** Plusieurs Vues du château de Grignon (Aquarelles).

228 — **Inconnu.** L'Annonciation.

229 — **Inconnu.** Suite d'Aquarelles : Costumes de l'Europe orientale.

230-237 — Tableaux, Aquarelles et Dessins non catalogués.

238-247 — Collection de Lithographies, de Charlet, Bellangé, Carle et Horace Vernet, H. Lecomte, Eug. Lamy, etc.

248 — La Becquée, lithographiée par Lassalle, d'après Jules Breton.

249-255 — Portraits de Henri IV, Frédéric II, Napoléon Ier, Louis XVIII, l'empereur Alexandre, le duc et la duchesse de Beaufort, Casimir Périer, etc.

256 — Deux grandes Gravures : Batailles d'Alexandre,
d'après Lebrun.

257 — Suite de Photographies : Vues du département
de l'Eure.

258 — Collection de Photographies : Chevaux.

259 — Suite de Lithographies, par Charles Aubry :
l'Équitation française.

260-263 — Gravures anglaises : Sujets de chasse et de
courses.

264 — Gravures, d'après Lebrun : Batailles de Louis XIV.

265-268 — Gravures en couleur : Vues de villes.

269-275 — Suite de Gravures, d'après Van der Meulen :
Chasses et Châteaux royaux.

276 — Le Passage du Rhin, gravure par Avril, d'après
Berghem.

277 — Le Trompette mort, gravure par Johannot,
d'après H. Vernet.

278 — Le Chien du régiment, gravure par Lecomte,
d'après H. Vernet.

279 — Dernière Revue, gravure par Jazet, d'après
H. Vernet.

280 — Revue de Bonaparte, 1er consul, gravure d'après
Isabey et Vernet.

281 — Le Tombeau de Sainte-Hélène, gravure d'après
Vernet.

282 — Suite de Lithographies, d'après Chenavard :
Costumes de toutes les époques.

283 — Gravures et Lithographies diverses.

OBJETS D'ART ET DE CURIOSITÉ

284 — La Bride de gladiateur.

285 — Miniature par **Isabey** : Portrait de Napoléon Ier.

286 — Deux Miniatures : Portraits de Napoléon Ier et de
l'impératrice Marie-Louise.

287 — Miniature par **Isabey** : Portrait d'homme ; monture en or émaillé.

288 — Buste de Napoléon Ier en biscuit de Sèvres,
d'après Chaudet.

289 — Buste de Napoléon Ier en albâtre.

290-291 — Deux Bronzes par Lenordez : Fille-de-l'Air.

292-293 — Deux Bronzes par Lenordez : Gladiateur.

294 — Deux Statuettes en bronze : Guerriers combattant.

295 — Groupe en bois sculpté : la Madeleine au pied de
la Croix.

296 — Vase en coco sculpté, monté en argent.

297 — Écuelle avec plateau et couvercle en porcelaine de Sèvres, décor à médaillons d'oiseaux.

298 — Groupe en porcelaine de Saxe : Jeune Fille donnant à manger à des poules. Socle en bronze.

299-303 — Quatre Tabatières en porcelaine et émail de Saxe.

304 — Boîte forme coquille en jaspe sanguin, monture en or.

305 — Plaque en ivoire sculpté : le Baptême de Jésus.

306 — Groupe en marbre blanc.

307 — Vase en cristal gravé, monture en argent.

308 -- Grand Vase à anse et couvercle en verre de Bohême vert émaillé.

309 — Vase rond ou Soupière en porcelaine de Chine.

310 — Diverses Médailles en bronze.

311-321 — Divers Objets de curiosité, tels que : Porce- de Sèvres, de Saxe, du Japon, etc.

322-331 — Objets de fantaisie en bronze, porcelaine et verre.

332-333 — Nécessaires à écrire en nacre et vermeil, etc.

334-339 — Objets de bureaux.

340-345 — Panoplie d'armes.

BOIS DE CERFS, ETC.

346-395 — Collection d'environ 200 Bois de cerfs, de diverses dimensions.

396 — Tête de sanglier.

—

BRONZES D'AMEUBLEMENT
PORCELAINES MONTÉES ET AUTRES

397— Belle Pendule, style Louis XVI, en bronze doré.

398 — Pendule et deux Candélabres en bronze, style rocaille.

399 — Deux Vases en porcelaine du Japon, formant lampes, montures en bronze.

400 — Petite Pendule en marqueterie de cuivre et écaille.

401 — Deux Lampes céladon, montées en bronze.

402 — Pendule, dite religieuse, en ébène et écaille, ornée de bronze.

403 — Deux Bouteilles en porcelaine de Chine, à médaillons, montées en bronze.

404 — Deux Lampes en porcelaine, montées en bronze.

405 — Deux Vases en porcelaine céladon bleu tur-
quoise, formant lampes, monture en bronze.

406 — Petite Pendule de voyage, de Leroy.

407 — Belle Pendule à figures d'amours. style Louis XIV,
en bronze doré.

408 — Deux grands Candélabres à 10 lumières, de même
style, en bronze doré.

409 — Deux grands Vases en ancienne porcelaine de
Chine bleue, décor or, formant lampes, monture
en bronze doré.

410 — Belle Galerie de foyer en bronze, avec pelle,
pincette, pare-étincelles.

411 — Beaux Lustres à 30 lumières en bronze et cristaux.

412 — Deux Appliques à 7 lumières en bronze et cris_
taux.

413 — Deux Jardinières en porcelaine du Japon, avec
supports, en bois doré.

414 — Grande Jardinière en porcelaine, décor genre
Sèvres, monture en bronze.

415 — Deux Vases en porcelaine de Tournai, décor
genre Sèvres, formant lampes, monture en
bronze.

416 — Deux grands Vases potiches en porcelaine de
Chine moderne, sur socles-tabourets en bois
de fer.

417 —· Jardinière en porcelaine de Chine, monture à
anses en bronze, socle en bois doré.

418 — Grande Pendule en marbre et bronze doré, avec
groupes de trois figures en bronze doré.

419 — Grand Encrier en bronze doré.

420 — Grand Vase en ancien Chine bleu, décor or, formant candélabre, monture en bronze doré.

421 — Grand Lampadaire à 4 lampes en ancien Chine
bleu, décor or, monture en bronze ciselé et
doré.

422 — Garniture de table en porcelaine font vert, décor
de fleurs, monture en bronze doré, composée
de : deux Candélabres à **7** lumières et une
Coupe de milieu.

423 — Surtout de table en bronze ciselé et doré, composé de 14 pièces : Étagères, Coupes et Com-
potiers.

424 — Grande Jardinière en porcelaine du Japon, mon-
tée en bronze.

425 — Deux Lampes, de forme rectangulaire, en ancien
Chine bleu, décor or, monture en bronze.

426 — Pendule de l'époque de la République en marbre
et bronze ciselé et doré, modèle à sphinx.

427 — Candélabre à figure de Renommée en bronze.

428-467 — Sous ce numéro seront vendus divers autres
Objets en bronze, tels que : Pendules, Candélabres, Flambeaux, Appliques, Chenets, Lan-
terne, Suspension, Lampes, Vases, etc.

MEUBLES ET SIÈGES

468 — Grande Armoire à trois vantaux dont un à glace, en bois noir, ornée de bronze.

469 — Table de nuit assortie.

470 — Beau Meuble à deux corps en bois noir gravé, le haut entièrement vitré.

471 — Table en bois noir gravé, dessus en drap bleu.

472 — Meuble à hauteur d'appui, à deux vantaux, en bois noir gravé.

473 — Grand Bureau plat en bois noir, garni de bronze.

474 — Meuble à deux corps en bois noir gravé, renfermant un coffre-fort de *Fichet*.

475 — Grande Bibliothèque à deux corps en bois noir gravé ; le haut vitré, le bas à vantaux pleins.

476-477 — Deux grands Chiffonniers en palissandre, dont un renfermant un coffre-fort de *Fichet*.

478 — Paravent à quatre feuilles, garni en reps bleu.

479 — Un Canapé, deux Fauteuils et quatre Chaises à bois recouverts, et deux autres Chaises en palissandre recouvertes en reps bleu.

480 — Un Canapé, un Fauteuil de bureau, une Fumeuse, un grand Fauteuil et deux Chaises en bois noir et maroquin bleu.

481 — Écran bambou avec feuille en toile peinte :
Vues du château de Dangu.

482-483 — Deux Tables-Bibliothèques tournantes.

484 — Un Canapé et deux Fauteuils-Bergères en bois
sculpté et doré du temps de Louis XVI, recouverts en tapisserie à fleurs.

485 — Dix Fauteuils en bois sculpté et doré du temps
de Louis XVI, recouverts en tapisserie à l'aiguille.

486 — Tête-à-Tête en bois sculpté et doré, du temps de
Louis XVI, recouvert en ancienne soie brochée.

487 — Fauteuil en bois blanc et or, recouvert en tapisserie à l'aiguille.

488-497 — Divers Sièges de fantaisie recouverts en
soie, etc.

498 — Un grand Fauteuil carré, un Canapé, un Confor-
table, deux Fauteuils à bras recouverts et deux
Fauteuils à bras en bois doré; le tout recouvert
en satin bleu.

499 — Grand Fauteuil en satin bleu et broderie.

500 — Grand Fauteuil en satin broché.

501 — Confident en étoffe de soie brochée.

502 — Fauteuil capitonné, couvert en satin noir et broderie.

503 — Grand Fauteuil Louis XIV, recouvert en tapisserie.

504 — Borne de milieu avec quatre coussins en ancien
damas.

505 — Canapé du temps de Louis XVI, recouvert en
velours et tapisserie.

506 — Un Canapé, deux grands Fauteuils, deux Fauteuils à bras et quatre Chaises en chêne sculpté,
garnis en reps grenat à armoiries.

507 — Canapés, Fauteuils et Chaises en bois doré, du
temps de l'Empire.

508-519 — Sièges divers, recouverts en cretonne et
étoffes diverses.

520-521 — Deux Meubles à hauteur d'appui en marqueterie de cuivre et étain sur écaille, ornés de
bronzes.

522 — Table ovale en marqueterie de cuivre.

523 — Beau Guéridon ovale en palissandre et amarante,
incrusté de cuivre, ornements en bronze.

524 — Deux Colonnes torses en bois peint en vert, avec
feuille de vigne dorée.

525 — Paravent bas en bois vert et or, fond de glace.

526 — Joli Paravent à trois feuilles garnies en soie bleue
brodée.

527 — Grand Paravent à grille à quatre feuilles en bois
peint, garni en satin, avec applications bleu
et or.

528 — Très beau Paravent style Louis XV, à cinq feuilles, en bois doré et décoré de motifs de fleurs en couleurs, le haut en glaces.

529 — Écran en bois noir et étoffe brodée : Gladiateur.

530 — Table de nuit ovale en marqueterie de bois rose à fleurs.

531 — Commode et Secrétaire en bois rose et marqueterie.

532 — Encoignure en marqueterie de bois rose à fleurs.

533 — Jardinière en bois rose, ornée de bronzes et de plaques en porcelaine décorée.

534 — Bahut à hauteur d'appui en bois sculpté, à arceaux.

535 — Huche en bois sculpté à médaillons, style Renaissance.

536-537 — Deux Gaînes et quatre Escabeaux en bois noir, à armoiries.

538 — Chiffonnier en bois rose.

539 — Petit Secrétaire en bois rose.

540 — Bureau ancien à dos d'âne en palissandre, avec ornements en cuivre argenté.

541 — Commodes Louis XV en bois rose.

542 — Bureau plat en bois rose.

543-544 — Deux beaux Meubles-Vitrines à hauteur d'appui en bois de placage, garnis de bronzes ciselés et dorés.

545 — Très bel Ameublement de chambre à coucher en acajou, garni de bronzes ciselés et dorés, attribué à *Jacob*. Il se compose de : un Lit, un Secrétaire, une Commode et une Table de nuit.

546 — Console Louis XVI en acajou et cuivre.

547-552 — Plusieurs petits Écrans-Secrétaires en bois laqué.

553-554 — Plusieurs Psychés en bois peint.

555-590 — Meubles en acajou, palissandre et chêne, tels que : Bureaux, Commodes, Couchettes, Bibliothèques, Armoires, Chiffonniers, Tables, etc.

———

RIDEAUX, TAPIS, LITERIE, LINGE, ETC.

591 — Huit grands Rideaux de portières en tapisserie d'Aubusson, avec armoiries.

592 — Huit grands Rideaux de fenêtres avec lambrequins en satin bleu, bordures noires et fleurs brochées.

593 — Rideaux de fenêtres en tulle brodé, Stores en guipure.

594 — Rideaux de croisées de portière et de lit en damas de soie, reps, moquette, cretonne, tapisserie et imberline.

595 — Tapis d'appartements en moquette.

596 — Bonne Literie : Matelas, Lits de plume, Oreillers, Traversins, Couvertures, etc.

597 — Lits en fer.

598 — **LINGE** : Services de table damassés, Services à thé, Draps de maître et d'office, Taies d'oreillers, Serviettes de toilette, Tabliers, Torchons, Serviettes d'office, etc.

599 — Nombreuse **BATTERIE DE CUISINE** en cuivre. Environ deux cents pièces : Casseroles, Sauteuses, Turbotières, Bassines, Poissonnières, Marmites, Daubières, Plats, Moules, Plaques, Poêlons, etc.

600 — **PORCELAINES** : Services de table et de dessert en porcelaine et faïence décorées, Tasses à thé et à café.

601 — **CRISTAUX** : Services de table en cristal mousseline et cristal taillé.

602 — Plusieurs Services à verre d'eau en cristal.

LIVRES

603. **Album** contenant des Croquis au crayon, faits en Italie. In-4.

604. **Album** renfermant diverses Aquarelles et Dessins, faits en Italie. In-fol. obl.

605. **Album** de Portraits et Dessins. In-4 obl., mar. rouge, fermoir.

606. **Album**. Voitures, Soldats, Paysans, Vues de Nice. In-fol. obl.

607. **Album** des châteaux de Blois, Chenonceaux, Chaumont, Amboise et Chambord. In-fol.

608. **Album** de Wolfsberg. 12 vues d'après nature. In-4, cart.

609. **Allain**. La France au xixe siècle, illustrée dans ses monuments et ses sites. *Paris;* in-4, rel.

610. **Barante**. Histoire des ducs de Bourgogne. *Paris,* 1814; 13 vol. in-8, rel.

611. **Beaux-Arts** (Les). Illustrations des Arts et de la Littérature, 1843; 3 vol. in-4, rel. *Planches.*

612. **Bertrand**. Dictionnaire des forêts et des chasses. *Paris,* 1846; in-8.

613. **Boigne** (Ch. de). Du Cheval en France. *Paris,* 1843; in-8.

614. **Boileau**. OEuvres. *Paris;* 4 vol. in-8, v.

615. **Bossuet**. Discours sur l'Histoire universelle. *Paris,
Curmer;* 2 vol. gr. in-8, mar. r. *Figures.*

616. **Bossuet**. Oraisons funèbres. *Paris,* 1826; 4 vol.
in-8, v. fil., tr. dor.

617. **Bourrienne**. Mémoires. *Paris,* 1819; 10 vol. in-8,
rel.

618. **Brion**. Calendrier des courses de chevaux, de 1776
à 1855; 14 vol.

619. **Byron**. OEuvres. *Paris, Sautelet;* 25 vol. in-18,
rel.

620. **Chapuy**. Les Chasses de Charles X. *Paris,* 1837;
in-8, rel.

621. **Chasse** (La) de Gaston Phébus, comte de Foix, pu-
bliée par J. Lavallée et **L.** Bertrand. *Paris,* 1854; in-8,
rel.

622. **Chasse**. Carte des laissez-courre. Canton de Lyons.
1 feuille collée sur toile.

623. **Chateaubriand**. OEuvres complètes. 22 vol. in-8,
d.-rel. mar.

624. **Collection** de Mémoires pour servir à l'Histoire
de France, publ. par Petitot. 131 vol. in-8, rel.

625. **Collection** de Mémoires pour servir à l'Histoire
de France, publ. par Guizot. 29 vol. in-8, rel.

626. **Costumes** de Suisse. In-4, cart.

627. **Costumes** de Gênes. In-fol. cart.

628. **Crébillon**. OEuvres. *Paris,* 1818; 3 vol. in-8, v.,
tr. dor.

629. **Delisle**. Condition de la classe agricole en Normandie au moyen âge. *Evreux*, 1851; in-8, rel.

630. **Description** de l'Egypte, par la Commission des savants de l'expédition d'Egypte. *Paris, Imp. roy.*, 20 vol. in-fol. rel.

631. **Deville**. Histoire de Château-Gaillard. *Rouen*, 1829; in-4, rel.

632. **Dulaure**. Histoire de Paris. *Paris*, 1824; 10 vol. in-8, et atlas.

633. **Dumoulin**. Histoire générale de Normandie. *Rouen*, 1631; in-fol. rel.

634. **Dupuy**. Histoire naturelle des mollusques terrestres et d'eau douce. *Auch*, 1847; 3 vol. in-4. *Planches*.

635. **Fée**. Essai sur les Cryptogames des écorces exotiques officinales. *Paris*, 1824; in-4, rel.

636. **Froissart**. Chroniques. *Paris*, 1826; 13 vol. in-8, rel.

637. **Galibert**. L'Algérie ancienne et moderne. *Paris*, 1844; gr. in-8, mar., tr. dor.

638. **Gayot** et **Lalaisse**. Atlas statistique de la reproduction des chevaux en France. *Paris*, 1850; in-fol., mar. *Planches*.

639. **Grandville**. Tableaux de Paris. Les Portes, Mayeux, etc. In-fol. rel.

640. **Grimm** et **Diderot**. Correspondance littéraire *Paris*, 1813; 16 vol. in-8, rel.

641. **Guizot**. Collection de Mémoires relatifs à la Révolution d'Angleterre. *Paris*, 1823; 25 vol. in-8, rel.

642. **Histoire** de la Restauration par un homme d'Etat. *Paris*, 1822; 10 vol. in-8, rel.

643. **Journal** des Chasseurs. *Paris*, 1853-1856, 21 vol. in-8, rel. *Figures.*

644. **La Fontaine**. Fables. *Paris*, 1842; 2 vol. in-8, mar., tr. dor.

645. **Le Sage**. Gil Blas. *Paris*, 1825; 4 vol. in-8, v., tr. dor.

646. **Leverrier de La Conterie**. L'Ecole de la Chasse aux chiens courants. *Paris*, 1845; in-8, rel.

647. **Livre de recette** du marquisat de Châteauneuf, 1771-1784; in-fol.

648. **Livre des Chasses**, de M. le comte de Lagrange, 1843-1846; 2 vol. in-4, rel.
  Manuscrit.

649. **Maistre** (J. de). OEuvres. *Paris*, 9 vol. in-8, rel.

650. **Massillon**. Sermons. *Paris*, 14 vol. in-8.

651. **Michaud**. Histoire des Croisades. — Correspondance d'Orient. 12 vol. in-8, rel.

652, **Millevoye**. OEuvres complètes. *Paris*, 1827; 4 vol. in-8, v., tr. dor.

653. **Molière**. OEuvres. *Paris*, 1823; 8 vol. in-8, v., tr. dor.

654. **Monnier** (H.). Les Quartiers de Paris. — Les Métamorphoses du jour, par Grandville, etc. In-4 obl.

655. **Napoléon**. Mémoires écrits par le général Gourgaud et le général Montholon. 6 vol. in-8, rel.

656. **Normandie** illustrée (La). *Nantes, Charpentier;* 2 vol. in-fol.

657. **Poulet**. Répertoire des chevaux de race pure en France. *Paris,* 1856; in-8.

658. **Racine**. OEuvres complètes. 6 vol. in-8, rel.

659. **Raguse** (Le duc de). Mémoires. *Paris,* 1857 ; 10 vol. in-8, rel.

660. **Recueil** de Sujets divers, Vignettes, Gravures sur bois, etc. In-fol. obl.

661. **Répertoire** du Théâtre-Français. 67 vol. in-18, rel.

662. **Résidences** de l'aristocratie anglaise. In-4, rel. *Planches.*

663. **Revue** des Deux-Mondes, 1830 à 1856. 92 vol. in-8.

664. **Rossini**. Le antichita Romane. Gr. in-fol.

665. **Rovigo** (Le duc de). Mémoires. *Paris,* 1828; 8 vol. in-8, rel.

666. **Rousseau** (J.-J.). OEuvres complètes. *Paris,* 1793; 37 vol. in-12.

667. **Sainte-Bible**, trad. par Lemaistre de Sacy. *Paris,* 1841; 4 vol. gr. in-8. chag. noir. *Figures.*

668. **Saint-Hubert** (La) ou 15 Jours en Bourgogne. In-4, rel.

669. **Saint-Simon** (Mémoires du duc de). 21 vol. in-8, rel.

670. **Schiller**. OEuvres, trad. par de Barante. *Paris,* 1825; 6 vol. in-8, rel.

671. **Sévigné** (Mme de). Lettres. *Paris,* 1823; 12 vol. in-8, rel.

672. **Shakspeare.** OEuvres trad. par Guizot. *Paris*,
1821 ; 13 vol. in-8, rel.

673. **Souvenirs** des Highlands. In-fol., rel.

674. **Stud-Book** français. 7 vol.

675. **Temple** (Le). De la Gloire ou Fastes militaires.
2 vol. in-fol., rel.

676. **Thiers**. Histoire du Consulat et de l'Empire. *Paris*,
16 vol. in-8, rel.

677. **Voltaire**. OEuvres. 13 vol. in-8.

678. **Vues** d'Italie et de Suisse. In-fol., rel.

678 *bis*. **Walter Scott**. OEuvres complètes, trad. par
Vivien. *Paris*, 1830 ; 25 vol. in-8, rel.

679. **Yauville**. Traité de Vènerie. *Paris, Imp. royale*
1788 ; in-4, rel. *Fig*.

680. Livres non catalogués : environ 1,500 Volumes
ouvrages divers.

681. Partitions de musique : environ 75 volumes.

Vᵉ Renou, Maulde et Cock, imprˢ de la Compagnie des Commissaires-Priseurs,
rue de Rivoli, 144   500—45291